Curso intermedio
de composición española

—Nueva edición —

Takuya Kimura
Chiemi Nakanishi

JN249764

Editorial Dogakusha

表紙・本文イラスト：作山　綾
表紙デザイン：アップルボックス

新訂版へのまえがき

　本書の初版が上梓されたのは 2007 年でした。この小さい地味な教科書を多くの先生方がご採用くださり、このたび新訂版を出せるようになったことは私たちにとって大きな喜びです。

　今回の新訂に際して課の順序を大きく入れ替え、わかりにくいと思われた説明に加筆し、練習問題を一部改変しました。初級の学習で抜け落ちてしまいがちなポイントを集めた本書は、これからも中級のスペイン語学習者の皆さんのお役に立つものと信じています。

　　2017 年　盛夏

　　　　　　　　　　　　　　　　　　　　　　　　　　　　　編著者

目　次

第1課　時　制 (1)

1 私は子どものころ、6年間チリのサンチャゴに住んでいた。

bien　Cuando era niña, viví seis años en Santiago de Chile.

mal　Cuando era niña, vivía seis años en Santiago de Chile.

　■　過去において継続していたと見なされる行為・出来事は線過去で言うというのが原則だが、期間の長さや終了時点が明示されている場合には点過去になる。上の例で「6年間」がなければ次のようになる。

　　　私は子どものころ、チリのサンチャゴに住んでいた。
　　　Cuando era niña, vivía en Santiago de Chile.

2 昨日は一日じゅう雨が降っていた。

bien　Ayer llovió todo el día.

mal　Ayer llovía todo el día.

　■　これも継続していた出来事だが、期間を明示する todo el día という語句があるために点過去になる。同じ行為・出来事でも、それが他の行為・出来事の原因や背後状況になっている場合には線過去で言われる。

　　　昨日は一日じゅう雨が降っていたので外出しなかった。
　　　Ayer no salí de casa porque llovía todo el día.

3 私は去年買ったカメラを旅行に持って行った。

bien a)　Llevé al viaje la cámara que compré el año pasado.

bien b)　Llevé al viaje la cámara que había comprado el año pasado.

—1—

■ ある過去の行為・出来事（この例では「カメラを旅行に持って行った」）よりも以前の行為・出来事（この例では「カメラを買った」）は過去完了で言うというのが原則だが、この例のようにどちらが先か意味から明らかな場合は、両方とも点過去で言うほうがむしろ普通である。

4 私が家に着いたとき、もう 10 時過ぎだった。

bien a) Cuando llegué a casa, ya eran más de las diez.

bien b) Cuando llegué a casa, ya habían pasado las diez.

bien c) Cuando llegué a casa, ya habían dado las diez.

mal Cuando llegué a casa, ya fueron más de las diez.

■ 過去の時刻を ser を使って言うときには点過去ではなく *bien a)* のように線過去で言うのが原則。*bien b)* と *bien c)* はいずれも「すでに～した後だった」という言い方をしているので、過去完了になっている。

5 私が家を出ようとしていたとき、地震があった。

bien a) (Yo) salía de casa cuando ocurrió un terremoto.

bien b) Cuando salía de casa, hubo un terremoto.

■ 線過去には「しようとしていたこと」を表わす使い方がある。上の例の salía は iba a salir と言い換えることができる (fui a salir は不可)。*bien b)* のほうの salía を点過去 salí にすると、二つの出来事が同時にではなく、あいついで起きたという感じになる。

私が家を出ると地震があった。

Cuando salí de casa, hubo un terremoto.

■ 「地震があった」は hubo でも ocurrió でも意味に違いはない。また、聞き手がすでに知っている地震のことを言う場合には terremoto に定冠詞 el がつき（この場合 hubo は使えない）、そうなると「地震があった」の節のほうが文の前半に置かれる傾向がある。

（例の）地震があったとき、私は家を出ようとしていた。

Cuando ocurrió el terremoto, yo salía de casa.

練習 A - 1

1) 私は若い頃3年間その会社で働いていた。
2) もう10時過ぎだよ！
3) 私は時計を見た。3時半だった。
4) 私は去年5回ライブに行った。
5) 列車はもう少しで駅に着くというときに、急に止まった。
6) 若い頃は楽しむことしか考えていなかった。
7) 昨夜私はとても遅くまでバルで友人たちとおしゃべりしていた。
8) エミリオは私に電話してきて、一人ぼっちだと言った。
9) 家族が旅行している間、私は家で仕事をしていた。
10) ピラールが初めてパリに行ったとき、まだフランス語を習ったことがなかった。

ステップ2

1 「今、何してるの？」「宿題やってるところ。」

bien a) ¿Qué estás haciendo? — Estoy haciendo los deberes.

bien b) ¿Qué haces? — Hago los deberes.

■ 日本語の「〜している」は進行中の行為を表わすことがある。それをスペイン語では〈estar＋現在分詞〉で言うことができる。さらに、この例の場合 ¿Qué haces? と言うと、相手のしていることに驚いて「いったい何をやってるんだ」と言っていると取られかねないので、*bien a)* のほうが *bien b)* よりも望ましい。さらに、ahora をつけても普通の現在形で言うと進行中の動作を尋ねていると解釈してもらえないことがある。一方、職業を尋ねる「何してるの？」の場合には〈estar＋現在分詞〉を使わずに ¿Qué haces? と尋ねる。

■ Ahora には「今度は、今から」の意味もある。

今度は何をするの？

¿Qué haces ahora?

■ イスパノアメリカでは los deberes の代わりに la tarea をよく使う。

— 3 —

2 ブラーボ先生は今日は青いブレザーを着ている。

bien   El profesor Bravo hoy lleva una chaqueta azul.

mal a) El profesor Bravo hoy está llevando una chaqueta azul.

mal b) El profesor Bravo hoy está poniéndose una chaqueta azul.

■　日本語の「〜している」は動作の結果の状態が持続していることを表わすことがある。このような場合のスペイン語訳には注意が必要である。ponerse は「着る」動作を意味する動詞なので、*mal b)* のような言い方をすると「いま着ている最中だ」ということになって、hoy という副詞と合わない。「着た結果、いま身につけている」という場合には llevar という別の動詞を用いる。この意味の llevar は進行形にすることができない。次の例のような「〜している」にも注意。

> 「図書館はまだ開いていますか？」
> 「もう閉まっていると思います。」
> ¿La biblioteca está abierta todavía?
> — Creo que ya está cerrada.

3 ラウラは旅行代理店で働いている。

bien a) Laura trabaja en una agencia de viajes.

bien b) Laura está trabajando en una agencia de viajes.

■　文体的に *bien a)* のほうが *bien b)* よりも望ましい。現在進行中の行為ではなく習慣的な行為を表す文だからである。*bien b)* のように言うと、旅行代理店の従業員であるという解釈の他に、現在勤務時間中である、今だけ臨時に働いているなどの解釈の可能性が出てしまう。

> （普段）何新聞を読んでるの？
> ¿Qué periódico lees?

4 アルゼンチンはサッカーのワールド・カップで 1978 年と 1986 年に優勝している。

bien   Argentina ganó la Copa Mundial de Fútbol en 1978 y 1986.

mal a)   Argentina ha ganado la Copa Mundial de Fútbol en 1978 y 1986.

mal b)   Argentina está ganando la Copa Mundial de Fútbol en 1978 y 1986.

■ 日本語の「～している」は経験・経歴を表わすことがある。これを〈estar＋現在分詞〉で訳してはいけないのは言うまでもない。また、この例の場合 en 1978 y 1986 という過去を意味する副詞句があるので、現在完了は避ける。「2 回優勝している」という言い方なら現在完了が使える。

> アルゼンチンはサッカーのワールド・カップで 2 回優勝している。
>
> Argentina ha ganado la Copa Mundial de Fútbol dos veces.

練習 A - 2

1) お父さんは肘掛け椅子（sillón）に座っている。
2) 彼の息子はもう大学に通っている。
3) 私は東京に住んで 5 年になる。
4) 最近、フィギュアスケート（patinaje artístico）を習う女の子が増えている。
5) メグミは毎日ラジオのスペイン語講座を聞いている。
6) この道路は駅の前で右に曲がっている。
7) 私が目を覚ましたら、妹はもう歯を磨いていた。
8) 私が目を覚ましたら、妹はもう歯を磨いてしまっていた。
9) 2015 年、京都には 300 万人以上の外国人が訪れている。
10) 私はバルセロナに 2 回行ったことがある。

練習 B

　飛行機は定刻より1時間ちょっと遅れてバラハス空港に着いた。前にも一度来たことがあったので、私は一人きりだったがあまり緊張していなかった。自分のスーツケースがなかなか出てこなかったときは少し不安になったけれど。空港の外に出ると、とても良い天気で暑かった。ホテルまではタクシーで行くことにした。地下鉄やバスのほうが安いことは知っていたが、長いフライトの後で疲れていたのだ。中心街の道路が混んでいて、ホテルに着くのに1時間以上かかった。タクシーからホルヘに電話すると、彼はもうホテルについていることがわかった。ロビーに入るとすぐにホルヘがそこに座っているのが見えた。

バラハス空港: **el Aeropuerto de Barajas**　　遅れて: **con retraso**　　緊張している:
estar nervioso　　なかなか〜しない: **tardar mucho en + *inf.***　　フライト: **vuelo**
中心街: **el centro**　　道路が混んでいる: **hay mucho tráfico**　　〜ことがわかった:
supe que 〜

第2課 語 順

ステップ1

1 私はおもしろいメキシコの雑誌を1冊買ったところだ。

bien a)   Acabo de comprar una revista mexicana interesante.

bien b)   Acabo de comprar una interesante revista mexicana.

mal a)   Acabo de comprar una revista interesante mexicana.

mal b)   Acabo de comprar una mexicana revista interesante.

    ■   ひとつの名詞に分類形容詞と性質形容詞の両方が後続する場合、分類形容詞のほうを名詞の直後に置かねばならない。また、性質形容詞は名詞の前に置くことができるが、分類形容詞はそれができない。

> **ゆうべ僕はベネズエラ人のかわいい女の子と踊った。**
>
> Anoche bailé con una guapa chica venezolana.

2 グラシエラは貧しい女性だ。

bien   Graciela es una mujer pobre.

mal   Graciela es una pobre mujer.

    ■   スペイン語には名詞の前に置くか後に置くかで意味が変わる形容詞がいくつかある。Pobre もそのひとつで、これを名詞の前に置いた *mal* の文は「グラシエラはかわいそうな女性です」という意味になってしまう。

> **ルベンは（体格の）大きい男だ。/ ロレンソは偉大な男だ。**
>
> Rubén es un hombre grande. / Lorenzo es un gran hombre.
>
> **これは新車だ。/ これが私の新しい（今度買った）車だ。**
>
> Este es un coche nuevo. / Este es mi nuevo coche.

3 私は働くのがとても好きだ。

bien　Me gusta mucho trabajar.

mal　Me gusta trabajar mucho.

■　動詞を修飾する副詞は、原則その動詞の直後に置く。「〜がとても好き」と言いたい場合、副詞 mucho は gustar の直後に置かなくてはいけない。*mal* の文のようにすると mucho が trabajar を修飾して「私はたくさん働くのが好き」という、仕事中毒（？）のような意味になってしまうので要注意。

> **彼女は勉強するのがあまり好きではない。**
> A ella no le gusta mucho estudiar.

4 君が彼にそれを言ってあげて。私にはそんな勇気はないから。

bien　Díselo tú, que yo no me atrevo.

mal　Tú díselo, que yo no me atrevo.

■　命令形では普通は主語は入れないが、入れたいときは動詞より後に置く。

5 雨が降っているので私はパーティーには行かない。

bien　　Como está lloviendo, no voy a la fiesta.

mal a)　No voy a la fiesta, como está lloviendo.

mal b)　Porque está lloviendo, no voy a la fiesta.

■　原因・理由を表す様々な表現のうち、よく使われるのが como と ya que、それに porque だが、それぞれ置く位置と使い方が違うので注意。Como は文頭に置くのが原則。逆に porque は文の後半の頭に置くのが普通で、文頭に置くのはおかしい。Ya que はどちらにも置けるが、文頭に置くほうが多い。また、この例で言うと ya que は「雨が降っている」という事実を相手が知っている場合にのみ使えるが、como にはそのような制限はない。

　Como を使った文も ya que の文も、文の重要メッセージは「パーティーに行かない」ことだが、porque は「相手が理由を知らない（だろう）から教えてあげる」ときに使う表現なので、porque を使う場合は「行かない」ことも「その理由は雨が降っているからだ」ということも同じように重要なメッセージであるか、理由のほうだけが伝えたいメッセージである。

彼は母親を侮辱されたのでその選手に頭突きをした。

Le dio un cabezazo al jugador porque este ofendió a su madre.

練習 A - 1
1) 彼はある重大な社会問題について話した。
2) 先週私はある新しいスペイン映画を見た。
3) ゆうべ、旧友と一杯飲んできたよ。
4) 明日も同じ場所で会うことにしよう。
5) クララはカラオケで歌う（cantar en el karaoke）のが大好きだ。
6) 弟は本を読むのがあまり好きではない。
7) 君が自分でこの書類を事務室に提出しなさい。
8) 君が電話に出てくれ。私は今忙しいから。
9) とても暑かったのでエアコンをつけた。
10) あなたは条件を満たしていないから応募は無効だ。

ステップ2

1 マノロはハンサムだが、あまり感じがいいとは思えない。

bien Aunque Manolo es guapo, no me parece muy simpático.

mal Manolo no me parece muy simpático, aunque es guapo.

■』〈aunque＋直説法〉の位置には注意が必要だ。文頭に置くと「〜であるが」「〜にもかかわらず」となり、文の主要なメッセージは「感じがいいとは思えない」という、後ろの部分になる。ところが、位置を逆転させ、aunque で始まる部分を文の後半に置くと、aunque は pero と同じような意味になり、「マノロはあまり感じがいいとは思えないけれど、ハンサムではあるよね」のように、「ハンサムだ」という話のメッセージとしての「重要度」が上がってしまう。

2 接続法を学ぶときに苦しい思いをする日本人は多い。

bien Son muchos los japoneses que sufren al estudiar el subjuntivo.

mal Los japoneses que sufren al estudiar el subjuntivo son muchos.

■　この例文、日本語では「〜日本人」までが主語だが、スペイン語ではこのように主語が長い場合、主語を動詞より後に置くことが好まれる。文を構成する要素のうち、長いものと短いものがあれば、長い要素を後に置いたほうが落ち着きがいいと感じるからだ。また、原則、動詞を文の最後に置くことは避ける。

目覚まし時計が鳴った。

Sonó el despertador.

2週間前にパーティーで知り合った男の子が私に電話をくれた。

Me llamó un chico que conocí hace dos semanas en una fiesta.

3　この塔はなんて高いんだろう！

bien　¡Qué alta es la torre!

mal　¡Qué alta la torre es!

■　ある物や人の高さや美しさなどへの感嘆を表現するときは、〈¡Qué ＋形容詞＋動詞（＋主語）!〉の構文を使う。走る速さなどは〈¡Qué ＋副詞＋動詞（＋主語）!〉。最後を〈主語＋動詞〉の語順にしてはいけない。「なんて○○な××だろう！」という意味の〈¡Qué ＋名詞＋tan〔más〕＋形容詞!〉という表現もある。

スサーナはなんて速く走るんだろう！

¡Qué rápido corre Susana!

なんて高い塔なんだろう！

¡Qué torre más alta!

4　メガネをどこに置いたとラモンは言っていましたか。

bien　　　¿Dónde decía Ramón que había dejado las gafas?

mal a)　¿Dónde había dejado las gafas, decía Ramón?

mal b)　¿Ramón decía dónde había dejado las gafas?

■　単純に「どこに置いたか」「誰が盗んだか」などを聞くのではなく、このように二重の疑問文の形で「どこに置いたと言っていたか」・「誰が盗んだと思うか」のように尋ねるときは、疑問詞を文頭に置いた単純な疑問文（この例では ¿Dónde había dejado las gafas?）に〈主動詞（＋主語）＋que〉を挿入する。こ

の文型では主動詞は creer, pensar, opinar, parecer などの「思う・考える」系統か、decir や indicar などの「言う」系統の意味の動詞になる。なお、*mal b)* の文は「メガネをどこに置いたかラモンは言っていましたか（それとも言いませんでしたか）」の意味になる。

あなたは誰がネックレスを盗んだと思いますか。

¿Quién cree Ud. que robó el collar?

君の上司はいつまでにそれが必要だと言っていますか。

¿Para cuándo dice tu jefe que lo necesita?

練習 A - 2
1) パトリシアはたくさん勉強したけれど、いい点を取れなかった。
2) 風はそれほど強くないけれど、私はかなり心配だ。
3) 私は昨年ヨーロッパへ旅行した。スペインへは行かなかったけれど。
4) ８月に海外旅行をする日本人は多い。
5) 首相の態度を非難する人は少なくない。
6) このアヒージョ（ajillo）はなんておいしいんだ！
7) 君のお兄さんはなんて親切なんだ！
8) なんて重いスーツケースだ！
9) 君は誰が金メダルを取ると思う？
10) あなた方はどこから泥棒が入ったと思いますか。

練習 B
　私は最近、面白いコロンビアのドラマを観ている。ヒロインはかわいそうな女性だ。大学を優秀な成績で出ているのに、美人でないためになかなか就職できない。社長秘書としてやっとある会社に入ったものの、大変な思いをする場面も少なくない。だが彼女は頭が良く、働くのがとても好きで、社長の危機を何度も救うので、彼も彼女を高く評価し、次第に親密な関係になっていく。

ドラマ: **telenovela**　　ヒロイン: **protagonista**　　優秀な成績で: **con excelentes notas**
〜（する）場面も少なくない: **no son pocas las ocasiones en que ...**　　大変な思いをする: **le toca vivir experiencias muy duras**

第3課　目的格代名詞・再帰代名詞

ステップ1

1 イサベルのことは本当に愛しているんだ。

bien　A Isabel la quiero de verdad.

mal　A Isabel quiero de verdad.

■　直接または間接の目的語が文の主題になったり他と対比されたり強調されたりする場合がある。上の例では「他の女性はともかくイサベルのことは…」というふうに、イサベルが他の女性と対比されている。このような場合、日本語では通常の目的格助詞「を、に」の代わりに「は、には」が用いられるのが普通であるが、スペイン語では目的語を動詞の前に出してそれを表わす。この際、その目的語と重複する無強勢人称代名詞を必ず動詞の直前に置く。ここで無強勢人称代名詞とは me, te, lo, la, le, nos, os, los, las, les, se の11語のことである。

注射は看護師がします。

La inyección se la pone la enfermera.

カルメンにはその秘密を明かしました。

A Carmen le revelé el secreto.

妹はクラシック音楽が好きだが、私は好きではない。

A mi hermana le gusta la música clásica, pero a mí no (me gusta).

2 私はイサベルを探している。

bien　Estoy buscando a Isabel.

mal　La estoy buscando a Isabel.

■　〈(a＋)名詞〉が直接目的語として動詞の後に置かれる場合、それと重複する無強勢人称代名詞を置いてはならない。逆に、〈a＋前置詞格人称代名詞〉が直接目的語として動詞の後に置かれる場合には、それと重複する無強勢人称代名詞を必ず置く。

私は彼女を探している。

La estoy buscando a ella.

3　イサベルは私にプレゼントを送った。

bien a)　Isabel me mandó un regalo.

bien b)　Isabel me mandó un regalo a mí.

mal　　　Isabel mandó un regalo a mí.

■　〈a＋前置詞格人称代名詞〉が間接目的語として動詞の後に置かれる場合、それと重複する無強勢人称代名詞を、1・2人称のときは必ず、3人称のときも原則として、置く。一方、〈a＋名詞〉が間接目的語として動詞の後に置かれる場合には、それと重複する無強勢人称代名詞を動詞の前に置いても置かなくてもよい。

私はイサベルにプレゼントを送った。

(Le) mandé un regalo a Isabel.

ここで、*1*～*3*で述べた目的格の名詞（または強勢人称代名詞）と無強勢人称代名詞の重複の可否を一覧表にして示す。特に下線部が間接と直接で異なるところである。

・間接目的語

	前置	後置
代名詞	○ A ella *le* di un regalo. × A ella di un regalo.	○ *Le* di a ella un regalo. × Di a ella un regalo.
名　詞	○ A Paloma *le* di un regalo. × A Paloma di un regalo.	○ <u>*Le* di a Paloma un regalo.</u> ○ Di a Paloma un regalo.

・直接目的語

	前置	後置
代名詞	○ A ella *la* esperé ayer. × A ella esperé ayer.	○ *La* esperé a ella ayer. × Esperé a ella ayer.
名　詞	○ A Paloma *la* esperé ayer. × A Paloma esperé ayer.	× <u>*La* esperé a Paloma ayer.</u> ○ Esperé a Paloma ayer.

4 アントニオは何でも知っているかのように話す。

bien a) Antonio habla como si lo supiera todo.

bien b) Antonio habla como si supiera de todo.

mal Antonio habla como si supiera todo.

■ Todo が「すべてを」という意味で直接目的語になっているとき、それと重複する代名詞 lo を動詞の直前に置く。または lo を置かずに de todo とする言い方もある。「いろいろな種類のものをすべて」という意味合いの場合は de todo のほうが好まれる。

ここでは何でも売っている。

Aquí se vende de todo. / Aquí venden de todo.

5 君にそれを言った記憶はない。

bien No recuerdo habértelo dicho.

mal a) No recuerdo te lo haber dicho.

mal b) No recuerdo haber díchotelo.

■ 完了不定詞 (haber + 過去分詞) および現在分詞の完了形 (habiendo + 過去分詞) に無強勢人称代名詞を加える場合、それらの代名詞は haber, habiendo のあとに結合させる。

それを終わらせると、トマスは立ち上がって出て行った。

Habiéndolo terminado, Tomás se levantó y se fue.

練習 A - 1

1) その仕事は私がやります。
2) トルティーヤはパパが作ったんだよ。
3) 私たちはお年寄りを敬わなければならない。
4) 私は彼女を待たなければならない。〔ella を用いて〕
5) これらの写真を祖父母に送ってあげるつもりだ。
6) 君はこの私にスペイン語を教えようと言うのか？
7) 私は全部食べてしまった。
8) 私は何でも食べる。

9)　　君にそのことを言っておくべきだった。
10)　　歯を磨いてしまったので、もう何も食べる気がしなかった。

ステップ2

1　「彼らはこの店の従業員ですか？」「はい、そうです。」

bien　¿Son ellos empleados de esta tienda? — Sí, lo son.

mal　¿Son ellos empleados de esta tienda? — Sí, los son.

■　Ser, estar, parecer の主格補語を代名詞化するときは、性・数にかかわりなく必ず lo を用いる。補語が形容詞・副詞・過去分詞などであっても同じ。

　　　「もう遅いですか。」「はい、遅いです。」
　　　¿Ya es tarde? — Sí, lo es.

2　「八百屋にトマトがありましたか？」
　　「ええ、とてもいいのがありました。」

bien　　¿Había tomates en la verdulería?
　　　　— Sí, los había muy buenos.

mal a)　¿Había tomates en la verdulería?
　　　　— Sí, había muy buenos.

mal b)　¿Habían tomates en la verdulería?
　　　　— Sí, habían muy buenos.

■　存在を表す haber の文に現れる名詞は主語でなく直接目的語である。従って原則として省略することはできず、代名詞化するときは直接目的格の代名詞を用いる。ただし、単に「（いいえ、）ありません（でした）」とだけ言うときは (No,) no hay [había]. という文が許容される。また、名詞が複数であっても haber は3人称単数形を用いる。（→**第4課、*ステップ1-1***）

3 パトリシアは娘の髪をとかしてやる。

bien　Patricia le peina el pelo a su hija.

mal　Patricia peina el pelo de su hija.

> ■　「私は手を洗う」を ×Lavo mis manos. と言わず Me lavo las manos. と言うのと同様に、他人の体（またはその一部）に対して何か行為を行なう場合にも、その人を間接目的格にして言う。

4 彼女は去年夫に死なれた。

bien a)　Se le murió el marido el año pasado.

bien b)　Se le murió su marido el año pasado.

mal　　　Le murió el marido el año pasado.

> ■　この文に出てくる le は「彼女に」を意味するが、これは《利害の間接目的格》と呼ばれるもので、「夫が死んだ」という事実が彼女に利害を及ぼしていることを表す。特にこの例のように意図していないできごとについて言う場合には se を伴う必要がある。

ウェイターさん、ナイフを落としてしまいました。

Camarero, se me ha caído el cuchillo.

練習 A - 2
1)　彼女は 40 歳を過ぎているが、そうは見えない。
2)　私は疲れているし、友人たちも疲れています。
3)　「リンゴはありますか？」「はい、あります。」
4)　講読のクラスはないが会話のクラスならある。
5)　先週私は彼の髪を切ってあげた。
6)　彼女は服を着たあとで、息子に服を着せてやった。
7)　私の娘が結婚してしまった。
8)　スマートフォンが落ちましたよ。
9)　正確な日付は忘れてしまった。
10)　スーツケースを持ってあげようか？

練習B

「このリュックを網棚に上げてもらえる？」

「いいよ。重いねえ。何がはいってるの？」

「今日はスペイン語と英語と中国語の授業があるから、教科書が3冊はいってるのよ。」

「教科書だけでこんなに重いの？」

「紙は重いのよ。ロッカーがないから予習するために持って帰らなきゃいけなかったし。」

「ゆうべのサッカーの試合、見た？」

「見てない。見たかったけど、スペイン語作文の宿題をやらなきゃいけなかったから。弟は見てたわよ。テレビを見ながらわあわあ騒いで、すごく邪魔だった。」

「あっ、宿題やったのに持ってくるのを忘れた！ まだ時間があるな。ここで降りて家にもどって取ってくるよ。それじゃ。」

「待って！ リュックを下ろしてからにして！」

リュック: **mochila**　　網棚: **rejilla**　　重い: **pesar mucho**　　わあわあ騒ぐ: **armar mucho jaleo**　　邪魔だ: **molestar**

第4課 不定主語・相互 (再帰代名詞補遺)

ステップ1

1 乗客が 200 人以上いた。

bien Había más de 200 pasajeros.

mal Habían más de 200 pasajeros.

■ 存在を表わす haber の文は無主語文であり、存在している人/物は主語ではなく直接目的語である。したがって、存在している人/物が複数であっても、動詞は 3 人称単数形のままになる。

2 君に電話だよ。

bien Te llaman (por teléfono).

mal Se te llama (por teléfono).

■ 主語が不明である、主語がだれであるかが重要でないなどの理由で、主語を明示しない言い方のうち代表的なものは、1) 動詞を 3 人称複数形にする (例: Hablan español en Argentina.)、2)〈se + 3 人称単数形〉という文型を用いる (例: Se habla español en Argentina.) の 2 種であるが、文の内容が一般論ではなく現実に起きている (または起きた) 具体的な出来事・行為である場合には、〈se + 3 人称〉は使わないのが普通である。

3 カードで払ってもいいですか。

bien ¿Se puede pagar con tarjeta?

mal ¿Pueden pagar con tarjeta?

■ 自分 (たち) の行為の可能性・許可に関する表現をする際、あえて主語を明示したくない場合には、3 人称複数形ではなく〈se + 3 人称単数形〉を用いる。また、必ずしも自分 (たち) の行為であるという意識がなく、一般論を述べる場合にも〈se + 3 人称単数形〉の構文が好まれる。3 人称複数形を使うと「自分は主語に含まれない」というニュアンスが生じる。

このレストランはおいしい。
Se come bien en este restaurante.

「入っていいですか?」「どうぞ。」
¿Se puede? — Adelante.

4 5階では靴を売っている。

bien　Se venden zapatos en la quinta planta.

mal　Se vende zapatos en la quinta planta.

❑　〈se＋3人称〉の構文で、動詞が他動詞であるときには、動詞の数は直接目的
　　語の数に一致する。つまり、再帰受身の構文となる。

マンション貸します。
Se alquilan pisos.

5 この学生寮では7時に起床する。

bien　En este colegio mayor se levantan a las 7:00.

mal　En este colegio mayor se se levanta a las 7:00.

❑　動詞にすでに別の用法の se がついている場合、主語を明示しない目的でさら
　　に se をつけ加えることはできない。

練習 A - 1

1)　今年はたくさんの地震があった。〔haber を用いて〕
2)　来週はテストが2つあるだろう。〔haber を用いて〕
3)　誰かがドアをノックしている。〔主語を明示せずに〕
4)　私は罰せられた。
5)　ここは通れますか?
6)　この町では少しのお金で生活できる。
7)　日本の小学校では教科書が無料でもらえる。
8)　この工場では日曜日も働いている。〔se を用いて〕
9)　普通、スペインでは夏には休暇に出かける。〔irse を用いて〕
10)　日本では家に入るときに靴を脱ぐ。

ステップ 2

1 私たちは互いのことをよく知っている。

bien　Nos conocemos bien.

mal　Sabemos bien de las cosas mutuas.

■ 「互いに〜する」という言い方のひとつに、動詞の前に再帰代名詞をつけるというやり方があるが、これが許されるのは「互い」が主語と（直接または間接）目的語の関係にある場合に限られる。この例では、conocer は他動詞であり、たとえば Yo la conozco bien y ella me conoce bien. という「主語─直接目的語」の関係にあるので、例文 *bien* のような文が作れるのである。なお、「互いのこと」を直訳して las cosas mutuas などと言ってはいけない。次の例は「主語─間接目的語」の場合である。

　　マリオとフェルナンドは互いに口もきかない。

　　Mario y Fernando ni se hablan.

2 パトリシアとソコーロは信頼しあっている。

bien a)　Patricia y Socorro confían la una en la otra.

bien b)　Patricia y Socorro se fían la una de la otra.

mal　　　Patricia y Socorro se se fían.

■ 「〜を信頼する」は〈confiar en 〜〉または〈fiarse de 〜〉などと言うが、このように「お互い」が「主語─前置詞句」の関係のときには、再帰代名詞を加えて相互の意味にすることができない。（*mal* の例文のように se を重ねてはならないのは言うまでもない。）そこで「お互いに」の意味を〈(el) uno ＋ 前置詞 ＋ (el) otro〉で表わす。主語が両方女性のときに限り〈(la) una ＋ 前置詞 ＋ (la) otra〉となる。

　　母と息子は互いに腹を立てている。

　　La madre y el hijo están enfadados el uno con el otro.

3 島の住民たちは互いに助け合っている。

bien　Los habitantes de la isla se ayudan unos a otros.

mal　Los habitantes de la isla se ayudan uno al otro.

■　相互文の主語が 3 人以上の場合、〈unos ＋前置詞＋ otros〉（定冠詞なし）を用いる。

4 私は日本の生活に慣れるのに苦労した。

bien　　Me costó trabajo acostumbrarme a la vida japonesa.

mal a)　Me costó trabajo acostumbrarme de la vida japonesa.

mal b)　Me costo trabajo acostumbrarme en la vida japonesa.

■　再帰動詞の後につく前置詞はそれぞれの動詞について決まっているが、間違いやすいものもあるので、正確に記憶する必要がある。（**練習 A - 2 の 7)〜10)** はこの練習である。）

練習 A - 2

1)　ホセとカルメンは愛し合っている。
2)　君は先生と tú で呼び合ってるの？
3)　ピラールと恋人はけんかして互いにプレゼントを返した。
4)　ピラールと恋人は先週別れた。
5)　ビラールと元恋人は今では互いに遠くで暮らしている。
6)　政治家たちは互いに批判し合っている。
7)　私はこの幸せな日々をいつも思い出すだろう。〔acordarse を用いて〕
8)　ビセンテはガンの治療を受ける（seguir un tratamiento de cáncer）決心をした。〔decidirse を用いて〕
9)　私は先生に質問する勇気がなかった。〔atreverse を用いて〕
10)　ミゲルはわざわざ空港まで私を迎えに来てくれた。〔molestarse を用いて〕

練習 B

　2012 年 10 月から 1 年間、私はメキシコで日本語教師として仕事をした。前期はメキシコ人の助手と組んで仕事をした。当初は互いによく知らないので、戸惑ったり、意見の食い違いによる気まずさを覚えたり、互いに腹を立てたりしたことも多々あった。学期の終わりにはこちらの意図が理解して貰え、お礼を言われたことは嬉しかった。この経験を通し、互いに相手を信頼することが大切だということに気づいた。

前期: **primer semestre**　　戸惑う: **desconcertarse**　　意見の食い違い: **diferencia de opiniones**　　気まずさ: **incomodidad**

第 5 課　時　制（2）

1　あした私は大阪で友だちに会う。

bien a)　Mañana veré a mi amigo en Osaka.

bien b)　Mañana voy a ver a mi amigo en Osaka.

bien c)　Mañana veo a mi amigo en Osaka.

> ■　未来のことは未来形で言うこともできるし〈ir の現在形＋a＋不定詞〉で言うこともできる。後者は特に話し言葉で多用される。未来のことであっても確実性の高い内容であれば現在形で言える。

2　朝の 5 時だ。スサーナはまだ寝ているだろう。

bien　Son las cinco de la madrugada.　Susana todavía estará en la cama.

mal　Son las cinco de la madrugada.　Susana todavía va a estar en la cama.

> ■　未来形は「現在の推量」を表わすことができる。この意味で〈ir の現在形＋a＋不定詞〉を使うことはできない。ただし、未来の推量（予測）は〈ir の現在形＋a＋不定詞〉で言える。
>
> **明日は土曜日だから道路が混んでいるだろう。**
> Mañana es sábado y va a haber mucho tráfico.

3　彼が初めてここを訪れたとき、まだ 5 歳にもなっていなかっただろう。

bien　Cuando visitó aquí por primera vez, tendría menos de cinco años.

mal　Cuando visitó aquí por primera vez, iba a tener menos de cinco años.

■ 「過去の推量」は過去未来形で言うことができる。この意味で〈ir の線過去形＋a＋不定詞〉を使うことはできない。また、「現在完了の推量」は未来完了形で、「過去完了の推量」は過去未来完了形で言う。

この時間には彼らはもうグラナダに着いているだろう。

A estas horas ya habrán llegado a Granada.

あのときには彼らはもうグラナダに着いていただろう。

En aquel momento ya habrían llegado a Granada.

4 ホセは自分は3年生だと言った。

bien a) José dijo que estaba en el tercer curso.

bien b) José ha dicho que está en el tercer curso.

bien c) José dijo que está en el tercer curso.

mal a) José dijo que estuvo en el tercer curso.

mal b) José ha dicho que estaba en el tercer curso.

■ 主節の動詞が過去系列の時制（点過去・線過去・過去未来・過去完了・過去未来完了）の場合、原則として従属節の動詞は時制の一致を起こす。現在形は時制の一致によって *bien a)* のように線過去になる。*mal a)* のように点過去にしてはいけない。*bien c)* は時制の一致の原則から外れるが、発話時点でホセがまだ3年生である場合、話し言葉ではこのように時制を一致させずに言うこともある。また、現在完了は過去系列の時制ではないので、時制の一致を起こさない（*bien b)*）。*mal b)* のように言うと「ホセは（あのとき）3年生だったと言った」の意味になる。

5 私はマヌエルとパトリシアが近く結婚すると聞いた。

bien a) Oí que Manuel y Patricia se casarían pronto.

bien b) Oí que Manuel y Patricia se casaban pronto.

mal Oí que Manuel y Patricia se casarán pronto.

■ 時制の一致によって未来は過去未来に変わるのが原則である。ただし、（過去から見た）未来の確実なできごとの場合は線過去で言うこともできる。

練習 A - 1
1) 今週末はサッカーの試合を見に埼玉へ行くつもりだ。
2) 明日の飛行機は午後 3 時に大阪に着く。
3) 今ごろ彼らはパーティーで楽しんでいるだろう。
4) 「いま何時ごろでしょうかねえ？」「さあ…」
5) ゆうべ君が帰宅したときには、もうすっかり暗くなっていただろうね。
6) その知らせを聞いて彼の両親はさぞ喜んだだろう。
7) サンドラはどれも似たような映画ばかりだと不平を言っていた。
8) 彼女は自分がディレクター（director）の友だちだと私に言ったが、それはうそだった。
9) 彼はメールで年末に帰ってくると言ってきた。
10) 君は今日までにその仕事を終わらせると僕に約束したよね。

ステップ 2

1 **夏が来たら私は友人たちと海に行くつもりだ。**

bien   Cuando llegue el verano, iré a la playa con mis amigos.

mal a)   Cuando llegará el verano, iré a la playa con mis amigos.

mal b)   Cuando llega el verano, iré a la playa con mis amigos.

◧ 時を表わす副詞節の中で未来の事柄に言及する場合、直説法未来形ではなく接続法現在形を用いる。接続法の現在は直説法の現在と未来の両方に対応する。*mal b)* のように cuando 節で直説法現在形を使うと、習慣的に起きる事柄を述べる意味になる。

     夏が来るとこのあたりはとても蒸し暑くなる。
     Cuando llega el verano, hace mucho bochorno por aquí.

2 私たちは彼らがこんなに早く来るとは思っていなかった。

bien No creíamos que llegaran tan pronto.

mal a) No creíamos que llegarían tan pronto.

mal b) No creíamos que lleguen tan pronto.

■ No creer que の後の動詞は接続法になるが、主節の動詞が過去系列の時制
の場合には時制の一致を考えなければならない。直説法の点過去・線過去・過
去未来はすべて接続法では過去に対応する。

> 私は彼らが昨夜時間通りに着いたと思う。
> Creo que anoche llegaron a tiempo.
>
> 私は彼らが昨夜時間通りに着いたとは思わない。
> No creo que anoche llegaran a tiempo.
>
> 私は彼らが時間通りに着くと思っていた。
> Creía que llegaban a tiempo.
>
> 私は彼らが時間通りに着くとは思っていなかった。
> No creía que llegaran a tiempo.
>
> 私は彼らが翌日時間通りに着くだろうと思っていた。
> Creía que llegarían a tiempo al día siguiente.
>
> 私は彼らが翌日時間通りに着くだろうとは思っていなかった。
> No creía que llegaran a tiempo al día siguiente.

3 ペドロは妻が帰ってくるまえに夕食のしたくを終えた。

bien a) Pedro terminó de preparar la cena antes de que volviera su mujer.

bien b) Pedro terminó de preparar la cena antes de volver su mujer.

mal Pedro terminó de preparar la cena antes de que volvió su mujer.

■ Antes de que の後は、たとえその後に現実になったことであっても接続法を用いる。また *bien b)* のように不定詞の主語が文全体の主語と異なる場合、不定詞の主語は必ず不定詞の後に置く。

4 子どものときに習い始めていれば、今ごろもっとずっと上手にスペイン語が話せるだろうに。

bien a) Si hubiera empezado a aprender español de niño, ahora lo hablaría mucho mejor.

bien b) Si hubiese empezado a aprender español de niño, ahora lo hablara mucho mejor.

mal Si hubiera empezado a aprender español de niño, ahora lo hablase mucho mejor.

■ 現在の現実に反する条件文は〈Si＋接続法過去, 直説法過去未来.〉、過去の現実に反する条件文は〈Si＋接続法過去完了, 直説法過去未来完了.〉が原則だが、この例のように仮定節が過去、帰結節が現在に言及する場合は〈Si＋接続法過去完了, 直説法過去未来.〉となる。また、帰結節は直説法過去未来の代わりに接続法過去、直説法過去未来完了の代わりに接続法過去完了を用いることもできるが、その場合は -ra 形に限る。

練習 A - 2

1) 駅に着いたら電話してね。
2) おとなになったら何になりたい？
3) マドリードの冬がこんなに寒いとは知らなかった。
4) フアンは東京に来たいとは言ったが、来るとは言わなかったよ。
5) オスカルにこの手紙を日本語に訳してくれと頼まれた。
6) アナは私が始めもしないうちに宿題を終えてしまった。
7) 彼らが注文を決めるまで私は 10 分以上待たされた。
8) 私があなたの立場なら、そうはしないでしょう。
9) 他の人に頼まれたのならお断りするところですが。
10) もし知らせてくれていたら君を空港まで迎えに行ったのに。

練習 B

　私たちは子どものころ、よくまわりの人たちからおとなになったら何になりたいかと聞かれたものです。野球選手になりたいとか保育士になりたいなどとはっきり答えられる子たちもいましたが、私はいつもうまく答えることができませんでした。大学にはいるときスペイン語を専攻することに決めたのも、あまり明確な理由があったわけではありません。他のこと、たとえば経済学などを専攻していたら今ごろ挫折していただろうと思うので、スペイン語を選んだのは正しかったと思っています。卒業するまでにはもう少しスペイン語が使えるようになっていたいと思います。

野球選手： **jugador de béisbol**　　　保育士： **profesor[-sora] de guardería**　　　うまく答える： **dar una respuesta clara**　　　〜を専攻する： **especializarse en 〜**　　　経済学： **Economía**　　　挫折している： **sentirse frustrado**　　　（私が）〜したの正しかった： **hice bien en**＋不定詞　　　卒業する： **graduarse / terminar**　　　正しかった： **hice bien en**＋不定詞　　　卒業する： **graduarse / terminar la carrera**

第 6 課　法（1）

ステップ 1

1 楽しい休暇を！

bien　¡Que tengas felices vacaciones!

mal　¡Ojalá que tengas felices vacaciones!

■　〈¡Que＋接続法!〉と〈¡Ojalá（que）＋接続法!〉はいずれも話し手の強い願望
を表わす言い方だが、後者の言い方をすると実現可能性がやや低く感じられる
ので、表題の文のような場合は前者の言い方を使ったほうがよい。また、接続
法過去を使うと、実現不可能（またはほとんど不可能）な願望を表わす文にな
る。

> **エンリケ・イグレシアスとデートできたらなあ！**
> ¡Ojalá que pudiera salir con Enrique Iglesias!

2 7 月に暑いのは普通のことだ。

bien　Es normal que haga calor en julio.

mal　Es normal que hace calor en julio.

■　ある事柄について「良い、悪い、普通だ、残念だ、おもしろい、重要なこと
だ」などといった価値判断をする場合、判断の対象となる事実は接続法で言う。
主節の動詞が肯定でも否定でも同じ。

> **7 月にこんなに寒いのは普通ではない。**
> No es normal que haga tanto frío en julio.
> **日曜日に働かなければならないなんて、良くないことだ。**
> No está bien que tengamos que trabajar los domingos.

3 自分のスペイン語がうまくなっている気がしない。

bien No me parece que mi español esté mejorando.

mal No me parece que mi español está mejorando.

■ 主節の動詞が「知覚（見る・聞く・気づくなど）」や「思考（思う・信じる・知っている・思われるなど）」を意味する場合、主節が肯定なら従属節は直説法、主節が否定なら従属節は接続法。ただし、主節が否定でも従属節の内容が真実だと話し手が思っている場合は、例外的に従属節が直説法になる。

> ドローレスが大金持ちだということをアレハンドロは信じない（本当にそうなのに）。
> Alejandro no cree que Dolores es millonaria.

4 人に何と言われるかわからない。

bien   No sé qué me dirá la gente.

mal a)   No sé qué me diga la gente.

mal b)   No sé qué seré dicho por la gente.

■ 前の**3**のようなケースで主節が否定されていても、従属節が疑問詞または si「〜かどうか」で導かれている場合には、従属節は直説法になる（**第7課 ステップ1-2参照**）。なお *mal b)* は「言われる」という日本語にとらわれて decir を〈ser＋過去分詞〉の受身にしてしまった例。このような言い方はできない。

> どこからはいれるのかわからない。
> No veo por dónde se puede entrar.

5 そんなに簡単だと思うなよ。

bien No te creas que es tan fácil.

mal No te creas que sea tan fácil.

■ 主節が「言う」などの伝達動詞または**3**で扱った知覚・思考動詞で、否定命令になっている場合、従属節は必ず直説法になる。

私が融通がきかないなんておっしゃらないでください。

No digan que no soy flexible.

練習 A - 1
1) 早く良くなるといいね。（病気の友人に）
2) 1億円の宝くじが当たらないかなあ！
3) 君が本当のことを言ってくれないのは残念だ。
4) 私たち全員が計画に参加することが大切だ。
5) 私は君について来てもらう必要があるとは思わない。
6) 彼らは私が日本から来たことを知らなかった。
7) アレハンドロはドローレスが大金持ちなのかどうかわからなかった。
8) 私たちは古い車をどうするかまだ考えていない。
9) できないなんて言うなよ。
10) みんなが自分と同じだなんて思わないで。

ステップ2

1 私は扱いやすいスマートフォンが欲しい。

bien　Quiero un teléfono inteligente que sea fácil de manejar.

mal　Quiero un teléfono inteligente que es fácil de manejar.

■」 関係詞の先行詞が不特定の物（または人）を指す場合、その後の形容詞節（関係節）の中の動詞は接続法になる。*mal* の文は、すでに欲しい特定のスマートフォンが決まっていて、しかも聞き手はそのスマートフォンを知らない…という状況であれば正しい文となる。日本語でこの状況を言うと「私が欲しいと思ってい取り扱いやすいスマートフォンがあるんだ」とでもなるだろう。

私はこの扱いやすいスマートフォンが欲しい。

Quiero este teléfono inteligente que es fácil de manejar.

2 私は人を待っている。

bien a) Estoy esperando a una persona.

bien b) Estoy esperando a alguien.

■ *bien a)* のような言い方ができるのはもちろんだが、*bien b)* も可であること に注意。日本語の「だれか」は話し手にもだれであるかわからない人を指すが、 スペイン語の alguien は聞き手がだれであるか知らない人を指し、話し手には わかっている人である場合にも使える。

> **私は君に言いたいことがある。**
> Hay algo que quiero decirte.
> **なにか私に言いたいことがある？**
> ¿Hay algo que quieras decirme?

3 私たちが待っていた少女は来なかった。

bien No vino la chica que esperábamos.

mal No vino la chica que esperáramos.

■ 形容詞節（関係節）の動詞の法は、先行詞が特定ならば直説法、先行詞が不特 定であるか否定されていれば接続法というふうに決まっており、主節の動詞が 否定されていてもそれだけで接続法になるとは限らない。次の文は先行詞が否 定されている例である。

> **私を好きになってくれる少女はだれもいない。**
> No hay ninguna chica que me quiera.

4 私がうまく写っている写真はほとんどない。

bien Hay pocas fotos en las que yo esté bien.

mal Hay pocas fotos en las que (yo) estoy bien.

■」 関係詞の先行詞に poco, apenas などがついていると、意味的には先行詞が否定されていることになるので、形容詞節（関係節）の動詞は接続法になる。次の 4 文のうち最後のものでは interesar が関係節の中にないので、直説法。

> **私の興味を引く日本の歌手はほとんどいない。**
> Apenas hay cantantes japoneses que me interesen.
> Hay pocos cantantes japoneses que me interesen.
> No hay casi ningún cantante japonés que me interese.
> Pocos cantantes japoneses me interesan.

練習 A - 2
1) 私たちはプールのある新しい家に引っ越します。
2) 彼らは英語のできるシステムエンジニア（ingeniero de sistemas）をひとり必要としている。
3) 私は英語のできるシステムエンジニアをひとり知っている。
4) 何でも好きなことを僕に質問していいよ。
5) 政府は高齢化（envejecimiento de la población）問題を解決する方策を見つけなければならない。
6) 彼は私に何か言いたいことがあると言っている。
7) この写真の中に君の知っている人がだれかいる？
8) 君が勧めてくれた映画を私はまだ見ていない。
9) 君を知っている人に私はまだだれも会ったことがない。
10) そんなことをできる人はほとんどいない。

練習 B

　環境問題に積極的に取り組んでいて、しかも女性がいきいきと働けるような会社に就職したい。はじめから給料が高くなくてもよいが、努力が正しく評価されてほしい。現在は男女共同参画社会と言われているにもかかわらず、結婚や出産などのときに女性が辞めざるを得ないような雰囲気になる会社がまだ多いと聞いている。会社も社員が喜んで仕事できるような状況をつくる努力をするべきだし、そのことを社会に広く知らせるべきだと思う。そうすることによってその会社の評判も上がり、優秀なスタッフを得ることができるだろうから。

環境問題：**problemas ambientales**　　いきいきと働く：**trabajar vivamente**　　～に就職する：**colocarse en ...**　　正しく評価する：**evaluar justamente**　　男女共同参画：**colaboración de ambos sexos**　　辞めざるを得ない：**verse obligado a dejar el trabajo**　　喜んで仕事する：**trabajar de buena gana**　　状況：**condiciones**　　評判 **reputación / fama**　　スタッフ：**personal**

第 7 課　法（2）

ステップ 1

1 お気に召さない場合には、お金をお返しします。

bien　En caso de que no quede satisfecho, le devolvemos el dinero.

mal　En caso de que no queda satisfecho, le devolvemos el dinero.

■ 　条件を述べる節は en caso de que, con tal (de) que, a condición de que, como などの接続詞（句）で始めることができるが、その場合その節の中の動詞は接続法になる。これらの接続詞（句）には若干のニュアンスの違いがあり、en caso de que は説明書や広告などで多用され、con tal (de) que と a condición de que は「〜という条件で」という意味が強い。また como はやや脅すようなニュアンスが感じられる。

> **誰にも言わないと約束するなら話してあげよう。**
> Te lo contaré a condición de que no se lo digas a nadie.
> **全部食べないと、テレビを見せてあげないよ。**
> Como no lo comas todo, no verás la tele.

2 何か要るものがあったら私に電話して。

bien　　Si necesitas algo, llámame.

mal a)　Si necesites algo, llámame.

mal b)　Si necesitarás algo, llámame.

■ 　条件を導く接続詞（句）のうち si だけは（最もよく使われるものであるにもかかわらず）例外で、非現実的な条件を言うのでなければ動詞は直説法になる。Si に導かれる条件節では直説法未来、未来完了、過去未来、過去未来完了、および接続法現在と現在完了は使うことができない。「〜かどうか」を意味する si に導かれる名詞節はこれとは異なり、直説法未来や未来完了を使うことができる。

— 35 —

彼が時間までに来るかどうか私にはわからない。

No sé si llegará a tiempo o no.

3 私の車が故障していたので、バスで行かなければならなかった。

bien Mi coche no funcionaba, de modo que tuve que ir en autobús.

mal Mi coche no funcionaba, de modo que tuviera que ir en autobús.

◗ この日本語文のスペイン語への訳し方はいろいろ考えられるが、de modo que ... または de manera que ... を「だから〜」の意味で使うときには、que 以下の動詞は直説法になる。一方、de modo que, de manera que の後に接続法の動詞が来ると「〜するように、〜するようなしかたで」という様態を表わす意味に変わる。

子どもたちにわかるように説明しなければならない。

Hay que explicárselo de modo que lo entiendan los niños.

4 今年は選挙があるので、議員たちは増税したがらない。

bien Este año se celebran elecciones, de ahí que los diputa-dos no quieran aumentar los impuestos.

mal Este año se celebran elecciones, de ahí que los diputa-dos no quieren aumentar los impuestos.

◗ De ahí que は **3** で挙げたいろいろな接続詞（句）と同じく結果を述べる節を導くが、例外的に接続法を要求する。

練習 A - 1

1) エレベーターが止まった場合は、赤いボタンを押してください。〔caso を用いて〕
2) もっと勉強しないと、再履修する（repetir el curso）ことになるよ。
3) おごってくれるなら君と食事に行くよ。〔con tal を用いて〕
4) 天気が良くならなかったら、試合は中止になるだろう。
5) ひまだったら手伝って。
6) 明日ひまかどうか教えてくれる？
7) 図書館が閉まっていたので、今その本を持っていない。〔modo を用いて〕
8) 警察官がすぐそばにいたので、泥棒は逃げられなかった。〔modo を用いて〕
9) 私は音がしないようにドアを閉めた。〔modo を用いて〕
10) 彼は家族をスペインに連れて行きたいから懸命に働いているのだ。〔ahí を用いて〕

ステップ*2*

1 君が二言語を話せるからと言って通訳として働けるとは限らない。

bien El hecho de que sepas hablar dos idiomas no quiere decir que puedas trabajar de intérprete.

mal El hecho de que sabes hablar dos idiomas no quiere decir que puedas trabajar de intérprete.

■ El hecho de que ... 「〜という事実」で始まる節では直説法・接続法の両方が使われ得る。この例のように他の節に先行し、ある主張（この例では「君が通訳として働けるとは限らない」という主張）の背景を説明する場合には接続法が使われる。直説法を使うのは el hecho de que 節の内容が文全体の主たる主張になる場合で、このとき el hecho de que 節は文の後半に来るのが普通である。

高い失業率はこの国がまだ不景気であることを示している。
La alta tasa de desempleo indica el hecho de que este país sigue en recesión.

— 37 —

2 私はスペイン人だが闘牛のことはよくわからない。

bien a)   Aunque soy español, no sé mucho de los toros.

bien b)   Aunque sea español, no sé mucho de los toros.

■   Aunque で始まる譲歩節の内部が事実を述べている場合、原則として動詞は直説法になるが、その内容が聞き手もすでに知っていることである場合には接続法になることが多い。この例の場合、話し手がスペイン人であることを聞き手が当然知っていると思われるときには *bien b)* のように接続法が用いられる。

3 明日たとえ寒くても、私たちはハイキングに行きます。

bien   Aunque haga frío mañana, iremos de excursión.

mal a)   Aunque hace frío mañana, iremos de excursión.

mal b)   Aunque hará frío mañana, iremos de excursión.

■   Aunque 節が「たとえ〜しても」という仮定を含む場合、動詞は接続法現在形になる。また、現実に反する仮定を含む場合の法・時制は si を使う場合と同じになる。

> たとえバルセロナに海岸がなかったとしても、私は（これからも）そこにバカンスに行き続けるだろう。
>
> Aunque Barcelona no tuviera playa, seguiría yendo allí de vacaciones.

4 何を尋ねられても、答えるな。

bien a)   Te pregunten lo que te pregunten, no contestes.

bien b)   Cualquier cosa que te pregunten, no contestes.

■   日本語で「何、だれ、どこ」などを含む譲歩の節をスペイン語に訳す場合、*bien a)* のように〈接続法＋関係詞＋接続法〉という言い方と *bien b)* のように〈cualquiera / quienquiera / dondequiera que＋接続法〉という言い方の両方ができる。なお *bien b)* では cualquiera の直後に名詞があるため、語尾の -a が落ちて cualquier となっている。

私たちがどこへ行っても、中国人観光客を見かける。

Vayamos donde vayamos, vemos a unos turistas chinos.

A dondequiera que vayamos, vemos a unos turistas chinos.

（a dondequiera の代わりに adondequiera という書き方もある。）

5 どんなにやろうとしても、君にはできないだろう。

bien a) Por más que lo intentes, no lo conseguirás.

bien b) Por mucho que lo intentes, no lo conseguirás.

■ 動詞を強調した譲歩文「どんなに…しても」は、〈por＋más（またはmucho）＋que＋接続法〉という構文を使って作ることができる。類似の構文に、形容詞または副詞を強調した〈por＋（muy＋）形容詞／副詞＋que＋接続法〉、名詞の数・量を強調した〈por＋mucho〔-a／-os／-as〕＋名詞＋que＋接続法〉がある。

どんなに難しくても、その試験に受かってみせる。

Aprobaré el examen, por (muy) difícil que sea.

どんなにたくさんの質問をされても、先生はいつもやさしく答える。

Por muchas preguntas que le hagan, el profesor siempre les contesta con amabilidad.

練習 A - 2

1) この地域に老人施設が少ないという事実が不安を引き起こしている。
2) 彼は自分がみんなに嫌われているという事実を知らない。
3) 今は 21 世紀だというのに、世の中から差別がなくなっていない。
4) 私は招待されているけれども、行くつもりはない。
5) たとえ招待されても、行くつもりはない。
6) たとえ招待されたとしても、行かなかっただろう。
7) だれが来ようと、私には関係ない。
8) 何時に寝ても私はいつも同じ時間に目が覚める。
9) どんなにパウラの頭が良くても、この問題を 5 分で解くことはできないだろう。
10) どんなにお金があっても、幸せは買えない。

練習 B

　友だちと久しぶりに会った。春休みに中国に行ったそうで、小さなパンダの人形をくれた。実は私はあまりパンダが好きではなく、中国みやげならジャスミン茶かなにかをもらったほうがうれしかったのだが、ありがたく人形を受け取った。たとえ私の好きな物でなくても、重要なのは彼女が旅行中に私のことを思い出して私におみやげを買ってくれたという事実なのである。

久しぶりに: **después de mucho tiempo**　　パンダの人形: **muñeco de panda**　　おみやげ: **recuerdo, regalo**

第 8 課　動　詞（1）

ステップ1

1　遅くなってしまいました。もう帰ります。

bien　Se me ha hecho tarde. Ya me voy.

mal　Se me ha hecho tarde. Ya vuelvo.

■　訪問先にいて、そこから家へ帰ると言いたい場合は、volver ではなく、「今いる場所から立ち去る」ことをさす irse を使う。Volver を使うと（この場合は）今いる訪問先に戻るという意味になってしまう。Ya vuelvo と言うと、「すぐにここに戻ってくるよ」ということになるので気をつけること。

> （ペルー人に）いつペルーへ帰るの？
> ¿Cuándo te vas a Perú?
> （スペインを訪問している人に、スペイン人が）また近いうちにスペインに来てほしい。
> Espero que vuelvas pronto a España.

2　この本はかなり難しいけれど、私は読み続ける。

bien　Este libro es bastante difícil, pero lo seguiré leyendo.

mal　Este libro es bastante difícil, pero lo seguiré a leer.

■　Seguir と不定詞を組み合わせた表現はないので要注意。このような表現では、不定詞・現在分詞・過去分詞のどれを使うのか、間に前置詞等が必要なのかどうかなどを、正確に覚えること。

3　カルメンは学校から帰ってから泣き続けている。

bien a)　Carmen no ha hecho más que llorar desde que llegó de la escuela.

bien b)　Carmen no ha dejado de llorar desde que llegó de la escuela.

mal　　Carmen sigue llorando desde que llegó de la escuela.

■」　「～し続ける」という日本語がすべて〈seguir＋現在分詞〉で表せるわけではない。「相変わらず」というのが seguir の持つイメージなので、単に長い時間続く（続ける）というだけでは、この表現は使えない。使えるのは下の2つの図のような場合である。

先生が入ってきたが、（それでも）生徒たちはしゃべり続けた。

Entró el profesor, pero los alumnos siguieron charlando.

この文は次の図のような状況である。ここでは①生徒たちがしゃべっていて、②先生が入ってきたが、③それでもしゃべり続けたというふうに考えられる。

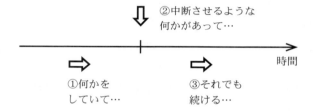

「ながらく妹さんに会っていないけど、今何をしてるの？」
「前と同じ会社で働き続けているよ。」

Hace tiempo que no veo a tu hermana.　¿Qué hace?

— Ella sigue trabajando en la misma empresa.

この二人目の発言は、次の図のような状況である。以前もその会社で働いていたが、今もそのまま同じということである。

4 私は（現在まで）3年間スペイン語を勉強し続けている。

bien a) Llevo tres años estudiando español.

bien b) Hace tres años que estudio español.

mal Sigo estudiando español tres años.

■ 「現在に至るまでのある期間、何かをやってきた」という場合、〈llevar + 現在分詞〉の構文を使う。期間をあらわす表現は llevar と現在分詞の間に入れることが多い。なお、否定内容の場合は、〈llevar + 期間の長さ + sin + 不定詞〉となる。

> 私はもう2日間何も食べていない（食べない状態が続いている）。
> Llevo dos días sin comer.

5 ホセは（そのときまで）4ヶ月間その事務所で働いていた。

bien José llevaba cuatro meses trabajando en esa oficina.

mal José llevó cuatro meses trabajando en esa oficina.

■ 〈llevar + 現在分詞〉,〈llevar + sin + 不定詞〉の表現では、llevar は現在形と線過去形でしか使えない。ただし、現在の推量としての未来形、および過去の推量としての過去未来形は使うことができる。

> 彼はおそらく1時間以上恋人のことを待っていた。
> Seguramente llevaría más de una hora esperando a su novia.

練習 A - 1

1) カルロスはもう帰ったよ。事務所に残っているのは君と僕だけだ。
2) 私はすぐ帰ってくるから、ここで待っていてね。
3) 隣の家の犬は2時間前から吠え続けている。
4) 去年あの試験に落ちたけれど、僕は受け続けるよ。［受ける…darlo］
5) 目覚まし時計が鳴ったが、エンリケはそのまま寝続けた。
6) マルタは相変わらずアレハンドロとつき合い続けている。
7) 妻は5時間以上も友人としゃべり続けている。
8) イサベルはもう10年間も両親と会っていない。
9) 私たちは（そのときまで）23年間、息子を探していた。
10) 彼はおそらく48時間以上眠っていない。

ステップ2

1 パブロはもうタバコをやめた。

bien　Pablo ya ha dejado de fumar.

mal　Pablo ya ha terminado de fumar.

■」「今までやってきたことをやめる」というときは、〈dejar de＋不定詞〉の構文を使う。〈terminar de＋不定詞〉は「終了する」なので、*mal*の文は「タバコを吸い終えた」という意味になる。否定形の〈no dejar de＋不定詞〉は、「ずっと〜し続ける」（*ステップ1*の*3*）、または「必ず〜する」という表現。

> **オラシオはずっと愚痴を言い続けている。**
> Horacio no deja de quejarse.
> **メキシコに行ったら必ずテオティワカンのピラミッドを見にいってね。**
> Cuando vayas a México, no dejes de visitar las pirámides de Teotihuacán.

2 私は顧客に手紙を送り終えた。

bien a)　Acabé de enviar las cartas a los clientes.

bien b)　Terminé de enviar las cartas a los clientes.

■」〈acabar de＋不定詞〉も〈terminar de＋不定詞〉も「〜し終える」という意味。acabarのほうは完了、terminarのほうは完了または中断による終了のときに使う。終了をあらわす表現にはこのほかに〈parar de＋不定詞〉（中断による終了。「〜するのをやめる」）、〈cesar de＋不定詞〉（同じく中断による終了。文語的で、詩などに使う）という表現もある。

> **雨が降り止んだ。**
> Ha parado de llover. ／ Ha cesado de llover.

— 44 —

3 私はそこでアントニオと会ったばかりだ。

bien　Acabo de encontrarme con Antonio ahí.

mal　Termino de encontrarme con Antonio ahí.

■ 「～したばかり」は〈acabar de＋不定詞〉を使う。「終わる」という意味では acabar と terminar は互いに入れ替えがきくが、この「～したばかり」という表現のときは terminar は使えない。また、この表現では acabar は現在形と線過去形でしか使えないので要注意（推量の未来形・過去未来形は OK）。

> **フェルナンドがアナと知り合ったとき、彼女は結婚したばかりだった。**
> Cuando Fernando conoció a Ana, ella acababa de casarse.

4 私にはどうも事態が理解できない。

bien a)　No acabo de comprender la situación.

bien b)　No comprendo la situación por más que lo intento.

■ 〈no acabar de＋不定詞〉は「どうも～できない」という意味の表現。これも現在形と線過去形、推量の未来形・過去未来形でしか使えない。人間以外を主語にすることも可能。

> **君のその考えにはどうも納得できない。**
> Esas ideas tuyas no acaban de convencerme.

練習 A - 2

1) リカルドはマルティナとつき合うのをやめた。〔1)〜5) dejar を使って〕
2) マルティナはリカルドを愛し続けている。
3) マリアは英語を勉強するのをやめた。
4) 警察官はずっと怒鳴り続けている。
5) トレドに行ったら必ず象眼細工 (damasquinado) を買ってね。
6) 私は服にアイロンをかけ終えた。
7) 子供達は突然歌うのをやめた。
8) 電車はちょうど行ったばかりだよ。
9) フラメンコを習い始めたとき、私は大学に入ったばかりだった。
10) 私はどうもその音楽が気に入らない。〔「音楽」を主語にして〕

練習 B

　日本の夏は毎年暑くなるばかりだ。東京はとくにひどい。このまま何も対策を取らずにいれば、10 年後には午後 6 時の平均気温が 40 度を超え、人間の住める環境ではなくなるといわれている。この高温の原因のひとつが、高層ビルだ。建物が海からの風を遮るため、熱い空気が都心にこもって出て行かないのだ。これについては何年も前から警告が出されてきたにもかかわらず、東京ではいまだに高いビルを建て続けている。

対策をとる： **tomar medidas**　　高層ビル： **rascacielos**

第9課　動　詞（2）

ステップ1

1　エンリケは長年努力して、弁護士になった。

bien a)　Tras muchos años de esfuerzo, Enrique se hizo abogado.

bien b)　Tras muchos años de esfuerzo, Enrique llegó a ser abogado.

■　「〜になる」に相当するスペイン語はいろいろあるが、違いをよく理解した上で使う必要がある。〈hacerse＋名詞／形容詞〉と〈llegar a ser＋名詞／形容詞〉はどちらも主にゆっくりした変化をあらわすが、人間の行為を表す場合、hacerse には llegar a ser と違って「意識的になる」「努力してなる」というニュアンスがある。また、llegar a ser は「到達」、つまり「ついに」とか「やっと」という感覚がともなう。本人の努力だけではなれないもの、たとえば他人に選んでもらう必要がある大統領の職などの場合には hacerse ではなく、llegar a ser を使うのが好ましい。

　　　　アルベルトは大統領になった。

　　　　Alberto llegó a ser presidente del Gobierno.

2　エドワルドは最近とても嫉妬深くなった。

bien　Últimamente Eduardo se ha vuelto muy celoso.

mal　Últimamente Eduardo se ha hecho muy celoso.

■　〈volverse＋形容詞（ときに名詞）〉は急激な変化や、今までとまったく異なる（逆の）性質・性格に変わったときなどによく使われる表現。上の例文の場合、わざとなったわけではないので、hacerse は使えない。

3 その町は瓦礫の山になってしまった。

bien　La ciudad se ha convertido en un montón de escombros.

mal　La ciudad se ha hecho un montón de escombros.

■　人や物の基本的性質ががらりと変わる場合によく使われるのが〈convertirse en＋名詞（ときに形容詞）〉。Hacerse や volverse と違い、後に続く名詞に冠詞をつけることができる。急激な変化の場合にも、ゆっくりした変化の場合にも使われる。

> **長年の間に、フアンは私の一番仲良しの友達になった。**
> Con los años, Juan se convirtió en mi mejor amigo.

4 彼はその事故で目が見えなくなった。

bien a)　(Se) Quedó ciego en el accidente.

bien b)　El accidente lo dejó ciego.

mal　Se puso ciego en el accidente.

■　〈quedar (se)＋形容詞／過去分詞〉は、「何かの結果、ある状態になる」ことを示す。何らかの「消失」を伴う変化が多く、〈quedar (se)＋sin＋名詞〉という表現もある。変化してなった状態がある程度以上持続する場合に使う。一方、〈ponerse＋形容詞／副詞／過去分詞〉は外観や感情、健康状態などの変化をあらわすが、基本的に「一時的な変化」である。

> **私はカジノで一文無しになった。**
> En el casino me quedé sin un centavo.
> **彼は警察官たちを見て青くなった。**
> Se puso pálido cuando vio a los policías.

5 明日は日曜日なので、働かなくていいです。

bien　Mañana es domingo; Ud. no tiene que trabajar.

mal　Mañana es domingo; Ud. no debe trabajar.

■ 義務の表現のうち、〈tener que＋不定詞〉は、否定形では「義務からの解放」、つまり「〜しなくてよい」という意味になる。一方、〈deber＋不定詞〉は否定形にすると「〜すべきではない（〜してはいけない）」という意味になる。Punto y coma（;）は因果関係を示すのに使える。

君は風邪をひいているから働くべきではないよ。

No debes trabajar porque estás resfriado.

練習 A - 1

1) ミゲルはたくさん勉強して、医者になった。
2) エステバンはついに市長になった。
3) その歌手は有名になって以来とても傲慢になった。
4) 雨が降らないので、森は砂漠になってしまった。
5) 気づいたときはホセは私のライバルになってしまっていた。
6) 彼は戦争で孤児になった。
7) カミーラは怒りで赤くなった。
8) 彼がスペインへ帰ると聞いて、私は少し悲しくなった。
9) 今日、君は部屋を掃除しなくていいよ。
10) 私たちは過去を忘れてはいけない。

ステップ2

1 夜が明け始めた。

bien a) Empezó a amanecer.

bien b) Comenzó a amanecer.

mal   Se puso a amanecer.

■ 「〜し始める」という表現には〈empezar a＋不定詞〉〈comenzar a＋不定詞〉のほかに、〈ponerse a＋不定詞〉というのもあるが、この ponerse a … は主語の「よし、やるぞ」という「意志」や「決意」などが感じられる表現なので、普通は人間、または事物を擬人化したものが主語となる。夜明けや日暮れなど、自然にゆっくり起こるものには使えない。また、ponerse a … を llover, nevar とともに使うことも可能だが、empezar a … などを使うよりも「突然」「強く」降り出す感じになる。

昨夜、アルフレドは試験勉強を始めた。

Anoche Alfredo se puso a estudiar para el examen.

突然、雨が降り出した。

De repente, se puso a llover.

2 母親を見失って、女の子は泣き始めた。

bien a)　Cuando perdió de vista a su madre, la niña empezó a llorar.

bien b)　Cuando perdió de vista a su madre, la niña se echó a llorar.

mal　Cuando perdió de vista a su madre, la niña echó a llorar.

■　〈echarse a＋不定詞〉は主に「泣く」・「笑う」などの感情的な行為を突然開始したことを表す。*bien a)* の文では「静かにしくしくと泣き出した」可能性もあるが、*bien b)* の文では「突然わーんと泣き出した」感じになる。さらにもっと突然かつ強烈な感じを出したければ、〈romper a＋不定詞〉を使う。また、se なしの〈echar a＋不定詞〉も開始の表現だが、こちらは「走る」「歩く」「泳ぐ」などの動作を表す動詞と共に使う。

ヌリアはもうそれ以上我慢できず、（突然）泣き出した。

Sin poder aguantar más, Nuria rompió a llorar .

女性たちはその歌手を見ると（突然）彼のほうへ走り出した。

Al ver al cantante, las chicas echaron a correr hacia él.

3 私は手紙を 20 通書いてある。

bien a)　Llevo escritas veinte cartas.

bien b)　Tengo escritas veinte cartas.

■　〈llevar＋過去分詞〉も〈tener＋過去分詞〉も「～してある」という表現。Llevar のほうは過去から現在にかけてその行為をやってきた、という気持ちも含まれている。Tener のほうは現在の状況を伝えるだけのもの。この表現では過去分詞は主語ではなく目的語に合わせて性数変化することに注意。

4 ベルナルドがパウラと結婚したはずがない。私と結婚するって約束していたもの。

bien Bernardo no puede haberse casado con Paula; él me prometió casarse conmigo.

mal Bernardo no debe de haberse casado con Paula; él me prometió casarse conmigo.

■ 推量の「～のはずだ」は〈deber de + 不定詞〉だが、「ありえない、不可能だ」という意味での「～のはずがない」は普通〈no poder + 不定詞〉を使う。〈no deber de + 不定詞〉は下の例文のように使う。

ウンベルトは真実を知らないはずだから、教えてあげなくては。
（単なる現状の推測）

Humberto no debe de saber la verdad; se la tenemos que decir.

練習 A - 2

1) 私たちが海岸に着いたとき、日が昇り始めた。
2) 私は興味深い本を見つけたので読み始めた。
3) 彼は仕事に飽きると、台所へ行ってお皿を洗い始める。
4) 突然、雪が降り出した。
5) 猿のダンスを見て、男の子は笑いだした。
6) 巨大な波を見て、象たちは（突然）丘のほうへ歩き始めた。
7) 私はこの本を 30 ページ読んである。
8) 先生は試験を 50 枚採点してある。〔採点する corregir〕
9) 彼女の父親が彼との交際を許したはずがない。
10) ディエゴはこの件について何も知らないはずだ。

練習 B

　2005 年、日本でやっと景気がよくなり始めた頃、地震対策が不十分なマンションに関する書類の偽造が発覚した。この件について調査を始めたところ、かなりの数のマンションを建ててあるとわかった。住民は困惑したり、怒ったりした。買ったばかりなのに、と泣き出す人もいた。自分の家が地震で壊れるかもしれないと知るのはとても怖いはずだ。

景気：**situación económica**　　発覚する：**revelarse / salir a la luz**　　困惑している：**estar [mostrarse] desconcertado [perplejo]**　　壊れる：**destruirse / venirse abajo**

第 10 課　前置詞

1　月曜日に私はアンドレアと会った。

bien　　El lunes me encontré con Andrea.

mal a)　En lunes me encontré con Andrea.

mal b)　En el lunes me encontré con Andrea.

■」　時を表す表現はよく使うので、前置詞の有無をきちんと覚えておく必要がある。基本の「日付、曜日、月、季節、年」+「…に」の場合、簡単に言えば、定冠詞 el がついて前置詞がないものと、前置詞 en がついて冠詞がないものがあり、日付と曜日は前者、月・季節・年は後者。ただし、季節は〈en + 定冠詞〉がつくこともある。また、時刻は〈前置詞 a + 定冠詞 la(s)〉がつく。

> **今月の 10 日に演奏会がある。**
> Hay un concierto el 10 de este mes.
> **私は 1998 年にメキシコへ旅行した。**
> Viajé a México en 1998.
> **闘牛は午後 5 時に始まる。**
> La corrida de toros comienza a las cinco de la tarde.

2　今夜、ベアトリスの家でパーティーがある。

bien　Esta noche hay una fiesta en la casa de Beatriz.

mal　En esta noche hay una fiesta en la casa de Beatriz.

■」　上の **1** にある基本表現以外でも、「今夜」・「来年」など、時の表現で、名詞（句）の前に定冠詞や指示形容詞がつくものは、前置詞はつけずに使う。

> **この土曜日にコンセプシオンは歯医者に行く。**
> Este sábado Concepción va al dentista.

来週、モニカが結婚するよ。

La semana que viene se casa Mónica.

3 （毎週）金曜の午前中、私は大学で教えている。

bien a) Los viernes por la mañana doy clases en la Universidad.

bien b) Los viernes en la mañana doy clases en la Universidad.

■ 「朝（午後・夜）に」というときは、前置詞は por を使う。また、地域によっては en を使うところもある。

4 ソニアはドアのところで君を待っているよ。

bien Sonia te espera a la puerta.

mal Sonia te espera en la puerta.

■ 場所・位置を表す前置詞といえば普通 en を思い浮かべるが、en は「面」または「空間」なので、「点」のイメージがあるものは en ではなく a になる。「右に」（a la derecha）、「入り口で」（a la entrada）等も a がつく。また、下のような特殊な言い回しもあり、これを en にすると「テーブルの上に座っている」ことになるので注意。

ロサリオは食卓の前に座っている。

Rosario está sentada a la mesa.

5 今日の最低気温は零度です。

bien La temperatura mínima de hoy es de cero grados.

mal La temperatura mínima de hoy es cero grados.

■ 大きさ・重さ・長さ・温度・速度・価格…などが主語であり、動詞が ser、補語が数量の場合、ser の後に de が必要になる。また、「100 メートルの高さ」「30 メートルの距離」のような表現も、「高さ」や「距離」という名詞の後に de を置き、その後に数字と単位を続ける。

子供は熱が 39 度あった。（＝子供は 39 度の熱があった。）

El niño tenía una fiebre de 39 grados.

練習 A - 1

1)　来月 15 日にコンサートがある。
2)　授業は午前 9 時ちょうどに始まる。
3)　私は 8 月にチリへ旅行した。
4)　今日の午後、ここで講演会がある。
5)　来月、兄は横浜へ引っ越す。
6)　（毎週）日曜日の夜、私達はサルサを習っている。
7)　私は出口で君を待っているよ。
8)　弟はコンピュータの前に座っている。
9)　ここで出せる最高速度は時速 80 キロだ。
10)　私と彼の間には約 20 メートルの距離があった。

ステップ2

1　私はこの仕事を 9 時までに終えなければならない。

bien a)　Tengo que terminar este trabajo para las nueve.

bien b)　Tengo que terminar este trabajo antes de las nueve.

mal　　Tengo que terminar este trabajo hasta las nueve.

■)　「～まで（ずっと）」という「期間」は hasta だが、「～までに」という「期限」は para を使う。同じような状況で、「～より前に」の意味の antes de を使うこともある。また、「～するまでに（～するより前に）」のように動詞と組み合わせる場合は para ではなく〈antes de que＋接続法〉を使うことにも注意。

　　私は明け方まで（ずっと）ここにいる必要がある。

　　Necesito quedarme aquí hasta la madrugada.

　　私は試合が始まるまでに家に帰りたい。

　　Quiero llegar a casa antes de que empiece el partido.

2 ウーゴと私は 2 時間以上議論していた。

bien a) Hugo y yo estuvimos discutiendo más de dos horas.

bien b) Hugo y yo estuvimos discutiendo por más de dos horas.

■　「×年間（△ヶ月間）○○した」というような「期間」を伝える文では、前置詞はつけないのが普通。ただし、期間を強調したいときは por をつける。上の *bien b)* は「（なんと）2 時間以上も」という感じで、その長さが強調されている。

3 これは君のためにやったことなんだ。

bien　Esto lo hice por ti.

mal　Esto lo hice para ti.

■　「〜のために」という意味での por と para は、por が「動機」、つまり気持ちの上での「出発点」であるのに対し、para は「目的」、つまり目指している「到達点」だという違いがある。配偶者や恋人、親しい友人などの「ために」何かをする、というときに por を使うのは、その人への好意や愛情などが「原動力」となっているため。

単なる好奇心で訊くんだけど。
Te lo pregunto solo por curiosidad.

■　また、〈para + 人を表す語〉では、その人が贈り物等の「行き先」となるため、上の *mal* の文は hice が「やった」ではなく、「作った」と解釈され、「これは君のために（君にあげようと思って）作ったものだ」ととられてしまう。

このケーキは君のために作ったんだ。
Esta tarta la hice para ti.

フェルナンドは恋人のためにダイヤの指輪を買った。
Fernando compró un anillo de diamantes para su novia.

4 (休んだ) 遅れを取り戻すため、休暇の間にたくさん勉強するつもりだ。

bien Estudiaré mucho durante las vacaciones para ponerme al día.

mal Estudiaré mucho durante de las vacaciones para ponerme al día.

◼ 本来の前置詞 17 個 (a, ante, bajo, con, contra, de, desde, en, entre, hacia, hasta, para, por, según, sin, sobre, tras) 以外にも、前置詞として使われる語はいくつかあるが、その中でも durante は現在では前置詞としてのみ使われるので、後ろに de などをつけないように気をつけよう。また、〈durante＋動詞〉という組み合わせは使えないので、「～している間 (に)」と言いたいときは接続詞の mientras を用い、〈mientras＋動詞〉の表現を使う。

子供たちが眠っている間に母親はお皿を洗う。

Mientras duermen los niños, la madre lava los platos.

練習 A - 2
1) 生徒たちは明日までに宿題を終えなければならない。
2) セサルは今月 20 日までに翻訳を終えなければならない。
3) 君は午後 6 時までずっとここにいないといけない。
4) 雨が降り出す前にでかけよう。
5) ラケルは日本に 3 年間住んでいた。
6) 昨夜私は 4 時間以上カラオケで歌っていた。
7) 彼は病気の妻のためにあんな犯罪をおかしたらしい。
8) ロサは怖かったので (恐怖のために) 泥棒に時計を渡した。
9) マルセラは冬休みの間にスペインの小説をたくさん読んだ。
10) 夫が部屋の掃除をしている間に、妻は夕飯の支度をした。

練習 B

　僕はマリアを映画館の入り口で待っていた。6時に来るはずだったが、時計を見ると6時10分だ。月曜日にマリアとコンサートに行ったときも、彼女は遅れてやって来た。6時半までに中に入らないといけないから、少しイライラする。電光掲示板によると、現在の気温は13度。ちょっと寒い。ああ、やっと来た。「ごめんなさい、服を選ぶのに1時間以上かかったの」と彼女は言った。そんなことじゃないかと思っていたよ。

電光掲示板： **tablero eléctrico** 　　～ではないかと思う： **suponer**

第11課　形容詞・副詞 (動詞補遺)

1 女の子を殺したのは確かに彼だ。

bien a)　Es seguro que fue él quien mató a la niña.

bien b)　Es cierto que fue él quien mató a la niña.

mal　　Seguramente fue él quien mató a la niña.

■　形容詞に -mente をつけて作る副詞があるが、この変換を単純に日本語の「○○な」→「○○に」と理解していると間違いを起こすことがある。Seguro という形容詞には「確かな」「確実な」という意味があるが、seguramente は通常「おそらく」・「たぶん」という意味で使われる。つまり、確信の度合いが下がってしまうのだ。また、「速い」の rápido に -mente をつけた rápidamente は、たとえば「速く走る」というときより「手早く (素早く) 〜する」という意味で使う場合が多く、「速く走る」などの場合は形容詞の rápido を副詞的に使うのが普通。

> **おそらく彼女はパーティーには来ないだろう。**
> Seguramente ella no vendrá a la fiesta.
>
> **サンドラはとても速く走る。**
> Sandra corre muy rápido.
>
> **王子様とお姫様は幸せに暮らした。**
> El príncipe y la princesa vivieron felices.

2 角にある建物は私の伯父のものだ。

bien a)　El edificio que está en la esquina es de mi tío.

bien b)　El edificio de la esquina es de mi tío.

mal　　El edificio en la esquina es de mi tío.

■ たとえば「机の上の本」を英語では *the book on the desk* と言えるが、同じように スペイン語で ×el libro en la mesa と言うことはできない。El librode la mesa か、またはもっと具体的に el libro que está en la mesa と言う必要がある。

3 カルメンはとても大きな声で話す。

bien a) Carmen habla muy alto.

bien b) Carmen habla en una voz muy alta.

mal a) Carmen habla muy alta.

mal b) Carmen habla muy grande.

■ 「声が大きい」というときの「大きい」には grande ではなく alto を使う。*bien a)* では alto は動詞 hablar を修飾している副詞なので性数の変化をしない。ただし、形容詞が動詞を修飾しながら同時に主語の様態を述べる場合があり、そのときには形容詞は主語に性数一致する。

カルメンは静かに眠っている。

Carmen duerme tranquila.

■ *bien b)* では名詞 voz を形容詞句 muy alta が修飾しており、このような場合には voz の前に不定冠詞 una が必要である。(**第 12 課 ステップ 2 - 4 参照**)

4 ラウラは 3 人の少女の中でいちばん歌が上手だ。

bien Laura es la que canta mejor de las tres chicas.

mal a) Laura canta la mejor de las tres chicas.

mal b) Laura canta mejor de las tres chicas.

■ 副詞の最上級は形容詞のように定冠詞をつけて作ることはできない。この例の場合、Laura canta mejor. だけでも最上級の意味になりうるが、これに〈de ＋範囲〉をつけ加えて *mal b)* のように言うことは通常できない。また mejor だけでは比較級と形が変わらないので、最上級であることを明確に言おうとすると関係詞を使った *bien* のような言い方が必要になる。

5 このパエリャはとてもおいしいね。

bien   Esta paella está muy rica, ¿no?

mal   Esta paella es muy rica, ¿no?

> ■ 通常は ser とともに用いられる形容詞であっても、話し手が体験して受けた印象について述べる場合には、その時の状態を述べていると考えられるので、ser ではなく estar を使う。

練習 A - 1

1) 彼女がいま自宅にいるというのは確かなんですか？
2) 急いで宿題をやってしまいなさい。
3) 学食にいる女の子たちは私のクラスの子だ。
4) 網だなの上のリュックを取ってくれる？
5) 子供たちは静かに眠っている。
6) 女性たちは怒って抗議していた。
7) 母は家族の中でいちばん早起きだ。
8) 君たちの中でいちばん少食なのはだれ？
9) エンリケはすっかり老け込んでしまった。
10) このスープは味が薄い。お塩を取って。

ステップ 2

1 当時、紺のブレザーが流行していた。

bien   En esa época las chaquetas azul marino estaban de moda.

mal   En esa época las chaquetas azules marinas estaban de moda.

> ■ 色を表わす形容詞がさらに他の語によって修飾されているときは、どちらも性数変化しない。

2 今の状態から脱却しなければならない。

bien a) Hay que escapar de la situación actual.

bien b) Hay que escapar de la situación de ahora.

■ 「今の状態」は la situación de ahora でも良いが、actual という形容詞が使えることを知っておこう。Actualidad は「現代、現状」、actual は「今の、現代の」、actualmente は「今」、いずれも英語との意味の違いに注意。

3 僕は本当のおとなになりたい。

bien a) Quiero ser un verdadero adulto.

bien b) Quiero ser un adulto real.

■ 形容詞 real にも「本当の」という意味があるが、「本当の、本物の」を意味する最も普通の形容詞は verdadero である。Real には「王の、王家の」という意味もあるため、誤解を生じさせないためには *bien a)* のように verdadero を使うほうが望ましい。なお、この日本語文は Quiero ser una persona madura. のように意訳したほうが、さらに自然なスペイン語になる。

4 私は泳ぎができるのだが、今日はできない。風邪をひいているので。

bien Sé nadar, pero hoy no puedo, porque estoy resfriada.

mal Puedo nadar, pero hoy no puedo, porque estoy resfriada.

■ 「…することができる」に当たる言い方に〈poder + *inf.*〉と〈saber + *inf.*〉があるが、saber は学習・訓練によってできるようになった技能を、poder はその場その場での可能性を表わす。

練習 A‑2

1) その水色の（azul claro）Tシャツ、よく似合ってるよ。
2) クリスティーナは草色の（verde prado）スカーフを首に巻いていた。
3) 私たちは今の生活に満足している。
4) インターネットを使えば世界中の国々の現状を知ることができる。
5) 彼の新しい映画は現代の諸問題を映し出して（reflejar）いる。
6) このドラマは実話に基づいている。
7) そのニュースキャスター（locutora）は王家の一員になった。
8) 宿題を終えるまで出かけることができないんだ。
9) だれかピアノを弾ける人を知ってる？
10) 私は大人だから、何でもやりたいことができる。

練習 B

　スペイン人には話し声の大きい人が多い。スペインのカフェテリアにいると、となりのテーブルの話し声がうるさくてたまらない思いをすることがしょっちゅうある。でも他の客たちはあまり迷惑そうに見えない。きっと気にならないのだろう。最近、スペインと日本が世界で最もうるさい２か国だという意見があるという話を聞いた。確かに日本の駅ではひっきりなしにアナウンスが流れている。私はあまり気にしていなかったが、スペイン人が日本に来るとひどくうるさい国だと思うのかもしれない。

となりのテーブル: **la mesa de al lado**　　たまらない: **inaguantable**　　きっと…だろう: **Supongo que ...**　　…という意見: **la opinión de que ...**　　ひっきりなしに: **incesantemente**

第 12 課　疑問詞・関係詞・冠詞

ステップ 1

1 旅行のことを話してよ。

bien　Cuéntame lo del viaje.

mal　Cuéntame las cosas del viaje.

■　日本語の「…のこと」をスペイン語に訳す際、cosa は使えないことがほとんどであり、〈lo de ...〉と訳すとうまく行く。表題の日本語文の場合、「こと」に当たる訳語を使わず、Háblame del [sobre el] viaje. と言ってもよい。

2 私は人々が話していたことを彼に言った。

bien　Le dije lo que decía la gente.

mal　Le dije que lo decía la gente.

■　日本語の「動詞 (連体形) + こと」は〈lo que + 動詞〉と訳すのが原則である。ただし表題の日本語文は実はあいまいで、「人々がそう言っていたということを私は彼に言った」という意味に取ることも可能である。もしもそういう意味なら *mal* の訳が正しい。

　　彼女のやりたいことを尋ねてごらん。

　　Pregúntale lo que quiere hacer.

3 参加したい人は手を挙げてください。

bien　Levanten la mano los que quieran participar.

mal　Levanten la mano las personas que quieran participar.

■　日本語の「動詞 (連体形) + ひと」は〈el / la / los / las que + 動詞〉と訳すのが原則。「ひと」だからと言って persona, hombre などを使わないほうが良い。特に表題文のように多数の人々のことを言うときの los que は頻繁に使われる。

4 君の専攻は何ですか。

bien　¿Cuál es tu especialidad?

mal　¿Qué es tu especialidad?

◾ 日本語の「何」と qué、「どれ、どちら」と cuál が単純に対応しているわけではない。ある名詞（表題文の例では especialidad）について、その具体的な内容を尋ねるときは〈¿Cuál es ＋ 名詞?〉という形の疑問文を使う。この cuál は日本語の「何、どれ、どこ」などさまざまな疑問詞に対応する。〈¿Qué es ＋ 名詞?〉は基本的にその名詞の意味を尋ねる文になってしまう。

　　　この件について君はどんな意見ですか。
　　　¿Cuál es tu opinión sobre este asunto?
　　　ボリビアの首都はどこですか。
　　　¿Cuál es la capital de Bolivia?
　　　専攻って何ですか。
　　　¿Qué es una especialidad?

5 彼はスペイン語を上手に話す。

bien a)　Habla español bien.

bien b)　Habla bien el español.

mal　　Habla bien español.

◾ この文では bien の位置は二通りあるが、先に置いた場合、次の español に定冠詞が必要になる。Bien の代わりに muy bien にした場合も、Habla muy bien español. はあまり好ましくなく（完全に誤りと見なされるわけでもない）、Habla muy bien el español. のほうが良いとされる。

練習 A - 1

1) それはいつものことだ。
2) 彼らは家賃のことで私たちにウソを言った（mentir en ...）。
3) 君が必要とするものは、何でもここで買える。
4) 私がいやなのは、日本人たちが思っていることを口にしないということだ。
5) 練習問題が終わった人は帰っていいですよ。
6) 髪の長い女の子がマルタで、そのとなりにいるのが彼女の妹です。
7) あなたの電話番号は何番ですか。
8) 山に放火する人たちは何が目的なのだろう。
9) パコはギターがとても上手です。
10) 私はチェスがあまり得意ではない。

ステップ2

1 作文は講読よりも難しい。

bien La composición es más difícil que la lectura.

mal Composición es más difícil que lectura.

■ 記事タイトルなど特殊な場合を除き、限定詞なしの名詞を主語として文を始めることはできない。ここで「限定詞」とは、冠詞・数詞・所有詞前置形・指示形容詞をいう。

2 胃が痛くて眠れない。

bien El dolor de estómago no me deja dormir.

mal El dolor del estómago no me deja dormir.

■ 〈名詞1 + de + 名詞2〉という構造の名詞句で〈de + 名詞2〉の部分が名詞1の種類を表わしている場合、名詞2には冠詞をつけない。

3 夜にコーヒーを飲むと眠れない。

bien Si tomo café por la noche, no puedo dormir.

mal Si tomo el café por la noche, no puedo dormir.

■ Café のような物質名詞が直接目的語になっている場合、それが限定・特定された名詞でなければ無冠詞になる。El café というと「（聞き手が知っている）あの・例のコーヒー」という特別の意味が加わってしまう。なお、una taza de café の意味で un café ということができる。

私は今コーヒーを（1 杯）飲んでいるところだ。
Estoy tomando (un) café.

ブラック・コーヒー 1 杯ください。
Un café solo, por favor.

4 ひどく寒い。

bien Hace un frío tremendo.

mal Hace frío tremendo.

■ 限定・特定されていない名詞が直接目的語になっている場合は無冠詞が原則だが、それに形容詞がつく場合には不定冠詞をつける。自然にある唯一物を現す名詞（通常は定冠詞がつく）に形容詞がつく場合にも不定冠詞をつける。

巨大な赤い夕日が海に沈むのを見るのは印象的だった。
Era impresionante ver un enorme sol rojo poniéndose en el mar.

練習 A - 2

1) 喫煙は肺がんの最大の原因（la causa más frecuente）である。
2) たくさんの不法移民がセウタ（Ceuta）の海岸に着いた。
3) この日本人の先生（女性）はネルーダの詩集（libro de poemas de Neruda）を 1 冊日本語に訳した。
4) 旅客の皆様、安全ベルトをお締めください。
5) 私の父は会社員だ。
6) 運動するときは、ときどき水を飲みなさい。

7) カルロスは夕食のときにパンを食べない。
8) 夜になっても湿った暖かい風が吹いていた。
9) ここは凍えるような寒さだ。
10) あの夜もこんな満月が出ていた。

練習 B

　スペイン語のネイティブ・スピーカーとスペイン語を話していていつも気になるのは、自分のスペイン語が相手にどのように聞こえているのかということだ。自分の言いたいことが相手に通じているのは確かなのだが、それが自然なスペイン語に聞こえているのか、外国語なまりの強いわかりにくいスペイン語になっているのか、よくわからない。去年スペインに旅行に行ったとき、バルのウェイターに「カフェオレ1杯ください」と言っただけで「君はスペイン語が上手だねえ！」と言われ、とてつもない速さで話し始められたことがある。私が「わかりません」と言うと、今度は急にゆっくり話し始め、「Fútbol ってわかる？ Tradición ってわかる？」などといちいち聞いてくるので落ち込んでしまった。

外国語なまり: **acento extranjero**　　とてつもない速さで: **a una rapidez extraordinaria**
…ってわかる？: **¿Sabes lo que es …?**　　落ち込んでしまう: **sentirse deprimido**

木村　琢也（きむら　たくや）
清泉女子大学教授
中西　智恵美（なかにし　ちえみ）
立教大学ラテンアメリカ講座講師

新訂版・スペイン語作文中級コース
Curso intermedio de composición española
— Nueva edición —

2018 年 4 月 1 日　初版発行　　**定価 本体 1,800 円（税別）**

編 著 者	木　村　琢　也	
	中　西　智　恵　美	
発 行 者	近　藤　孝　夫	
印 刷 所	研究社印刷株式会社	

発 行 所　　株式会社　**同　学　社**

〒112–0005　東 京 都 文 京 区 水 道 1–10–7
電話代表　（3816）7011・振替　00150–7–166920

ISBN978-4-8102-0437-7　　　　　　Printed in Japan
（有）井上製本所